Meine Gedanken tanzen mit dem Wind

Bibliografische Informationen der Deutschen Bibliothek:
Die Deutsche Bibliothek verzeichnet diese Publikation in der Deutschen Nationalbibliografie; detaillierte Dateien sind im Internet über http://www.dnb.de abrufbar.

Impressum:

1. Auflage, September 2024
Autorin: Hella Marquardt
Covermotiv: Hella Marquardt
Layout/Satz: Brigitte Winkler
Lektorat: Ines Rein-Brandenburg
Sprache: deutsch
ISBN 978-3-95716-390-5
E-Book ISBN 978-3-95716-411-7
www.verlag-kern.de

Hella Marquardt

Meine Gedanken tanzen mit dem Wind

Gedichte

Gefühlswelten

Manchmal fliegt die Zeit davon
manchmal steht sie still

manchmal reden wir herum
manchmal sind wir stumm

manchmal reißen wir Berge ein
manchmal fühlen wir uns klein.

Immer sind wir mittendrin
lachen, weinen, lieben
wandern manchmal mit den Wolken davon
bauen an unseren Träumen.

Gedankenspiele

Gestern war ein schöner Tag
bin im Schnee durch den Winter gegangen
habe das alte Jahr umfangen
mich erinnert wie es war.

Heute laufe ich durch den Tag
suche die Sonne am Dezemberhimmel
halte Jahreserinnerungsbilder fest für immer
hebe sie im Lebensbuch auf.

Morgen beginnt ein neuer Tag
gehe mit meinen Gedanken wandern
werde weiter durch mein Leben laufen
möchte Jahreszeiten erleben Jahr für Jahr.

Neuer Anfang

Der Winter hat sich schön gemacht
in Weiß gehüllt
mit tausend Glitzersteinen
ist sein Kleid unbestrittene Pracht.

Der Frost hat uns eng umschlungen
in klaren Linien gehalten
mit sicherer Künstlerhand
ist ihm ein Traumbild gelungen.

Das Jahr ist friedlich angekommen
in ruhige Tage gekleidet
mit hellem Winterschmuck
haben wir es in unser Leben genommen.

HM
23

Zeitenlauf

Ich stehe mit der Sonne auf
mein Tag wächst mit dem Jahr
sehe Bäume und Gräser
im Zeitenlauf
gefüllte Lebensstunden jedes Jahr.

Meine Augen nehmen Bilder auf
die Sammlung wächst mit dem Jahr
bringe Geschichten mit
in meinen Lebenslauf
gewünschte Geschenke jedes Jahr.

Ich stehe mit der Sonne auf
mein Leben wächst mit der Zeit
betrachte staunend den Weltenlauf
erlebte Erfahrung macht mich reich.

Mittendrin

Ich laufe leise durch Märchenbilder
gestaltet von Künstlerin Natur
bestaune filigrane Kristallwälder
und gehe über weiße Glitzerwattefelder.

Ich bin gefangen im hellen Zauberland
geformt aus Schnee und Eis
lasse mich treiben vom frostklarem Januarwind
und fühle mich als glückliches Wunderlandkind.

Immer noch

Wie jedes Jahr suche ich
den kommenden Frühling
auch wenn er noch vom Winterwind
umweht
greife nach neugierigen Buchenknospen
rieche,
wie die Winterkühle langsam geht.

Wie jedes Jahr suche ich
den sichtbaren Frühling
auch wenn er sich noch in der Winterzeit
versteckt
staune über blühende Haselnusssträucher
sehe,
wie die Sonne in längere Tage wächst.

Wie jedes Jahr nehme ich
dankbar meine Zeit
wandere mit dir in das Jahr hinein
freue mich über wärmende Sonnentage
schaue,
was jeder Tag besonderes zeigt.

Vorhaben

Das neue Jahr läuft in den zweiten Monat
nimmt uns mit auf den Jahreslauf
wir sind beladen mit Zukunftsvorhaben
schreiben weiter an unseren Lebenslauf.

Die Zeit hat einen schnellen Schritt
bleibt nicht auf halber Strecke stehen
wir gehen voller Neugier mit
halten fest an unseren Lebensträumen.

Sichtbar

Ich schaue auf hohe Himmelsstraßen
reise auf ihnen zu Lieblingsorten
halte hier und dort auf Blumenwiesen
will Wälder und Seen genießen.

Ich lese in meinem Jahreskalender
schlage Tag für Tag meines Lebens auf
gehe mit schönen Stunden spazieren
will keine Zeit verlieren.

Ich betrachte mein Leben im Spiegelbild
sehe die gewachsenen Jahre
muss leben mit sichtbaren Veränderungen
festgeschrieben sind darin meine Erfahrungen.

Der dritte Monat

Zweigeteilt ist dieser Monat
zweigeteilt ist dieser Tag
schwebe über Nebelwolken
suche Baum und Strauch

lasse mich einkleiden vom
kühlen Wattemeer.

Zweigeteilt ist mein Empfinden
zweigeteilt wie Freude und Leid
wandere über Mittagsstunden
finde sommerhellen Nachmittag

lasse mich verwöhnen vom
warmen Frühlingstag.

Zweigeteilt ist dieser Monat
zweigeteilt wie Licht und Schatten
sehe grüne Knospenspitzen
höre zarten Lerchengesang

lasse mich tragen von
Glücksmomenten durch den Tag.

Grenzwertig

Ich habe Grenzgängergefühle
wie der Monat in diesen Tagen
spüre noch winterliche Kühle
möchte aber einen Frühlingsausflug wagen.

Der Monat April ist zwiegespalten
mal zieht er hin zum frischen Wind
mal buhlt er um die Sonnenwärme
er weiß um den Frühlingsgewinn.

Empfindung

Die Zeit läuft schneller als bisher
nimmt uns mit auf diesen Lauf.

Die Tage sind wärmer als vorher
die Sonne hat ihre Kräfte gebündelt.

Das Wetter ist launischer und wilder
wir wechseln öfter Jacken und Mützen.

Die Kinder wachsen zu Größe auf
es ist ein Staunen und Wundern.

Die Welt ist lauter und schriller
die Suche nach Ruheinseln beliebter.

Die Menschheit ist voller Informationen
wir brauchen Zeit zum Gedanken einholen.

Ist alles anders als früher?
Warum?
Das Lebensrätsel treibt uns um.

Lebenskunst

Heute gehe ich durch Wind und Wetter
sehe die Tage langsam wachsen
lege meine Hände in letzte Schneereste
hole mir aus Stunden und Minuten das Beste.

Meine Gedanken sind schon im Morgen
sehe wie bunte Tulpen und Veilchen blühen
streichle über erste Knospenspitzen
freue mich auf kommende Frühlingssichten.

Meine Träume sind noch weiter geflogen
malen Wünsche und Bilder in vielen Farben
haben Hoffnung als Geschenk im Gepäck
wärmen und halten mich an allen Lebenstagen.

Früher Morgen

Nebelmorgen weckt die Februarsonne
fordert sie auf den Tag zu wärmen
noch sind Gräser unter Reif geduckt
doch der Wintermonat steht unter Abschiedsdruck.

Sonnenlicht spiegelt sich auf Eisbahnpfützen
schenkt uns Bilder den Tag zu genießen
noch ist der Frühlingsanfang eingefroren
doch der Winter hat schon an Kraft verloren.

Vorfreude

Ich flirte mit dem schnellen Februarwind
und tanze mit lustigen Schneekristallen
auf feuchtkühlen Wiesen.

Ich grüße das versteckte Sonnenlicht
und träume vom frischem Frühlingsgrün
auf nebelgrauen Wegen.

Spaziergang

Der Winter hat sich eingerichtet
will länger bleiben in dieser Zeit
Bäume und Sträucher haben
Schneemäntel angezogen
Eisweinvogelbeeren sind erntereif.

Die Sonne läuft über Kristallwiesen
spielt und tanzt mit dem Glitzerweiß
schmückt sich mit Klarblau
des Himmelsbogens
streichelt uns sanft in ruhige Gelassenheit.

Im Wechsel

Winter- und Frühlingswind
spielen miteinander
es ist ein Wechsel von kalt und warm
es wirbelt unsere Gedanken durcheinander
tanzt mit uns Arm in Arm.

Winter- und Frühlingshimmel
streiten sich
es ist ein Bild von dunkel und klar
wir wandern mit guter Jahressicht
nehmen die ersten Lerchen wahr.

Wanderung

Nebelwandertag ist angesagt
Kosmetikkur natur
die Bäume schauen uns
verschwommen an
begleiten uns auf dieser Tour.

Graufarbentag ist dominant
Wolkenwattemantel kleidet sehr
der Wald tropft leise in den Tag
mein Dorf liegt behütet
im Nebelmeer.

Beschreibung

Der Tag wächst in den
Frühling hinein
schiebt die Sonne himmelwärts
die Bäume legen Farbe an
und im Wiesengarten wird
es bunt.

Die Stunden tanzen im
Lichttag umher
wecken Langschläfer leise auf
die Winterschatten verlieren ihr Gesicht
und ich schreibe
ein erstes Frühlingsgedicht.

Ein Apriltag

Es ist ein Gefühl von
Schönheit pur
das uns mit Leichtigkeit umgibt
in dieser Natur.

Die Veilchenkissen dekorieren
das besondere Wiesengrün
die ersten Schlüsselblumen sind
über Nacht gewachsen und blühen.

Die klare Luft ist voller
heiterer Lieder
Lerchenfamilien testen sich
als Höhenflieger.

Der hohe Himmel hat sein
schönstes Blau angezogen
und die helle Sonne ist
diesem Tag gewogen.

Ich singe ein Lied von
der ersten Schwalbe,
die noch keinen Sommer macht,
aber Lust auf Frühling und mehr.

Wechselhaft

Der Monat zeigt sich als Chamäleon
ein Wechsel von Farben und Gefühlen
weiß auf blauem Blütenblatt
grün über Schneesternenwiesen.

Der Monat spielt mit uns Veränderung
hüllt uns ein in Wärme und Kälte
dunkel ist der Wiesengrund
helles Sonnenlicht auf dem Berge.

Der Monat lockt mit vielen Gesichtern
bringt uns Windspiele und farbige Bilder
kühl ist die letzte Schneeluft
wärmend der kommende Frühling.

Beginn

Mein Lieblingswald umarmt den Frühling
winkt den letzten Wintertagen zu
noch versteckt sich Kühle unter den Hecken
doch warme Frühlingsluft tanzt auf Sonnenflecken.

Ich fange die Gespräche des Windes ein
höre dem Knistern und Wachsen zu
ein gelbgrüner Schleier liegt schmeichelnd auf den
Wiesen
und erste Weißblüten zieren den Frühlingstag.

Aufbruch

Straßen glänzen
reingewaschen
und
letzter Schnee hat sich tief
in die Ecken verkrochen
die Februarsonne probt für
den zwanzigsten März.

Wintergraue Buchen haben ein
freundliches Gesicht bekommen
und
biegsame Birken strecken sich
erleichtert ins Licht
die nassen Wiesen trocknen
im frischen Wind.

Ich möchte Jacke und Mütze
wegwerfen, laufen und tanzen
und
mit den Vögeln um
die Wette singen.

Gerangel

Den Winter habe ich in den Schrank gehangen
leicht ummantelt will ich Sonnenwärme einfangen.

bin auf der Suche nach Farben und Licht
meine Gedanken schreiben ein Frühlingsgedicht.

ich finde mich mitten im Jahreszeitengerangel
Nordwind hält mich kühl umfangen
erinnert an vergangene Winterzeiten
möchte noch einige Tage bleiben.

bin auf der Suche und habe sie entdeckt
schüchterne Blütenköpfe im ersten Grün versteckt
sehe Bäume und Sträucher in Knospe stehen
warten auf den Südwind um in den Frühling zu gehen.

Gedankliches

Kurvenreiche Wanderung
durch gepflasterte Lebenszeit
hundert Jahre ist der Baum
ein Menschentraum.

Auf und ab die Wanderung
durch gefühlte Jahreszeiten
wachsend unser Lebensbaum
ein Hundertjahrestraum.

Hoch und tief die Wanderung
durch bewegte Menschenzeit
schreibend unseren Geschichtenbaum
ein Bleibaufdieserweltentraum.

Dankbar

Ich möchte laufen
der Sonne entgegen
den Wind unter der Haut verspüren
durch Duftwiesen und Stillwälder gehen
deine Hand mit meiner berühren.

Ich kann mit der Sonne laufen
mit dem Wind tanzen
von einem Ort zum anderen
in weichen Wiesen liegen und verschnaufen
mit dir durch unser Leben wandern.

Zwiegespräch

Ich frage mein Ich
warum wieso
und weiß
die Antwort ist mal so mal so.

Meine Fragen tanzen
wie Gräser im Wind
halten still
wenn Antworten gebündelt sind.

Ich frage mich
warum Fragen sind
und weiß
ohne sie und Gräser im Wind
hat das Ich wenig Sinn.

Feststellung

Wünsche wandern durch den Tag
hängen sich an unsere Gedanken
halten sich fest
und wachsen weiter.

Träume tanzen durch das Jahr
kommen wie flüchtige Nebelschwaden
haben keine Grenzen
und vergängliche Zeiten.

Träume und Wünsche umfangen uns
sind unruhige Lebensbegleiter
lassen uns hoffen, lachen, lieben
und unsere Weltenzeit bewegen.

Ausflug

Ein Schmetterling lädt mich ein
mit ihm durch den Tag zu fliegen
ich setze mich zwischen gelbe Flügel
lasse mich tragen und im Fluge wiegen

wir flattern gemächlich von Blüte zu Blüte
er nascht mal hier und da
und wird nicht müde.

Ich fühle mich beschwingt durch den Tag getragen
lerne Blumen und Gräser am Duft erkennen
möchte lustvoll dieses und jenes wagen

meine Gedanken sind leicht und heiter
mache Denkpause von Ängsten und Zweifeln
träume von friedlichen Menschenzeiten.

Veränderung

Das Wiesenbild ist neu entworfen
es war vor Kurzem doch noch gelb
nun sind wir von üppigem Grün umworben
lassen Pusteblumen fliegen in die Welt.

Der Kirschbaum hat sich umgezogen
er stand doch erst im weißen Hochzeitskleid
bald wird er sich mit roten Früchten schmücken
Sommererntezeit ist nicht mehr weit.

Der Buchenwald hat sich ausgebreitet
sein zartes Blätterdach hält unsere Augen auf
er lädt uns ein zur Maienwanderung
wir gehen mit auf den Jahreslauf.

Parallelen

Der Tag ist in die Nacht verliebt
möchte den samtblauen Mantel berühren
sich mit Goldsternen zieren
mit dem freundlichen Mond
die Nacht verführen.

Er macht sich Jahr für Jahr auf den Weg
sammelt Sonnenwärme in Schüben
bindet bunte Blumensträuße
lockt mit schmeichelnden Düften.

Ich bin in das Leben verliebt
möchte jeden Tag neu umarmen
sehen, wie die Erde sich noch in
hundert Jahren dreht
den Tag und die Nacht
in ihrer Unendlichkeit genießen.

Zum Genießen

Grazil tanzen Tulpen
im leichten Wind
der Frühling führt Regie
Blattgrün flimmert durch
die warme Luft
wir laufen durch den frischen
Blütenduft.

Leise spielen Farben
im hellen Sonnenlicht
die Künstler eifern in dieser Zeit
Blumenschönheiten zeigen
ihr zartes Gesicht
malen für uns ein buntes
Frühlingsgedicht.

Auf dem Weg

Ich habe mit der Sonne
Frühlingslieder gesungen
mit dem frischen Wind Walzer getanzt
bin über junge Wiesen gelaufen
die ersten Schlüsselblumen gesucht.

Ich bin mit den Lerchen
über Land geflogen
mit meinen Augen ein Bild gemalt
habe zarte Blütenknospen bewundert
einen Frühlingszaubertag erlebt.

Fülle

Meine Augen umarmen alles Grün der Welt
wandern durch die reiche Farbpalette
sehen junges Grün der Buchenblätter
streicheln zart über üppige Gräserteppiche.

Meine Augen bewundern die Fallschirmparade der
Pusteblumen
riechen den Duft der blühenden Heckenrosen
binden leuchtende Butterblumensträuße
weiße Anemonen in Maiwiesen getupft.

Auf der Suche

Ich habe das Paradies gefunden
auf den ersten Blick
bin auf unseren Berg gestiegen
eingetaucht in Frühlingswiesen
veilchenblaue Teppiche umrundet

konnte meine Gedanken sortieren
mit dem Auge Naturwunder fotografieren.

Ich habe ein Paradies gefunden
auf den zweiten Blick
bin über durstige Wiesen gegangen
habe Sonnenstrahlen eingefangen
sie auf Schattenwege gelegt
kranke Waldbäume gedanklich gepflegt

ich konnte ein kleines Paradies genießen
zerbrechlich und greifbar nah.

Regentag

Regenmusik läuft durch den Tag
mal laut mal leise
im Dirigat
es sind viele Töne vereint im Lied
sie wiegen mich in ruhige Träume.

Wassermantel legt sich zart
über Wiesen und Wälder
im gleichen Maß
es sind viele Tropfen verknüpft zur Schnur
ich spüre ihre kühle Frische pur.

Glitzerzauber malt diesen Tag
spiegelt sich auf Blättern und Blüten
es sind viele Farben im neuen Glanz
sie gestalten für uns einen bunten
Frühlingstanz.

Momente

Ich fliege mit den schnellen Wolken
in den Sommertag hinein
habe meinen Koffer gepackt
mit Lieblingsstücken
leichtes Gepäck für kommende Zeit.

Ich lasse mich treiben
auf dieser Reise
die Gedanken eilen fort im Wind
schweres Gepäck ist heute
daheim geblieben
winke heiter meinem Liebsten zu.

Ich grüße bunte Felder
und Wiesen
fühle mich leicht im Sommerflug
sammle Momente und Bilder
schreibe weiter an meinem
Lebensbuch.

Begegnung

Heute bin ich dem Sommer begegnet
kurze Momente zwischen Licht und Schatten
Junisonne und letzte Maikühle
haben miteinander Verstecken gespielt
bin von einem zum anderen gegangen
wurde von schwebenden Buchenblättern
eingefangen.

Die ersten Orchideen gehen in die Ruhepause
Anemonen neigen müde ihre Köpfe
habe auf dem Sommerweg neue Blüten entdeckt
mich mit tanzenden Gräsern in
Wiesen versteckt.

Erlebnis

In diesem Monat ist Gartenausstellung
ich lebe im Gewächshaus
mit blauem Dach
die Sonne hat mit der Jahreszeit
einen Vertrag geschlossen
ein unbekannter Maler
hat die Farbenauswahl getroffen.

In diesen Tagen gibt es ein Verwöhnprogramm
ich bade meine Seele in
bunter Blütenpracht
meine Augen fliegen
mit Schmetterlingen und Bienen
wandern wie die Blumendüfte
durch den reichen Sommertag.

Sommertag

Sommerleichtigkeit trägt mich fort
bin dem Himmelblau sehr viel näher
bade meine Augen im Spätsommergrün
sehe Wiesenbuntblumen blühen.

Sommersättigkeit hat sich ausgebreitet
bin in dem Sorglostag angekommen
atme die erdstaubige Ernteluft
tanze mit meinen Gedanken durch
die Flimmerluft.

Verbindung

Schönwetterwolken
bringen deine Grüße
erzählen vom blauen Meer
wüstenwarmer Wind umfasst
uns in Umarmung
erinnert an weißes Häusermeer.

Sternenklarer Himmel
bringt uns deine Grüße
erzählt von Tausendundeiner Nacht
frühkühler Morgen schickt
unsere Wünsche zu dir fort.

Gedankenbriefe
bringen dem Kind unsere Grüße
erzählen von Wiesen und Wäldern
zu Haus
schwerbeladene Pakete mit Liebe
sind immer unterwegs
zu seinem Lebenshaus.

Betrachtung

Ein Meer ganz oben
mit Wolkenschiffen
und
meine Gedanken ziehen wie Treibholz dahin
lassen sich aufhalten mit Erinnerungsgeschichten
wo sind meine Jahrzehnte hin.

Das Blau ganz oben
mit Wattewolken
und
meine Gedanken fahren wie Leichtboote davon
ankern hier und da bei Zukunftsgeschichten
wo gehen meine Wege hin.

Die Weite ganz oben
mit Wechselbildern
und
meine Gedanken laufen wie Wellenreiter davon
machen Halt und bleiben bei Gegenwartsgeschichten
lebe und liebe mit meiner Zeit.

Glücksmomente

Ich fühle Sommer auf meiner Haut
kleide mich in sonnige Wärme
fliege mit einem Wohlseingefühl davon
lasse meine Gedanken treiben.

Ich atme Bilder in vielen Farben
schmücke mich mit bunten Kränzen
leicht ziehe ich mit den Wolken dahin
lasse mich vom Leben streicheln.

Reichtum

Ich trage den Erntekorb
nach Hause
schwer und leicht zugleich
gesammelt sind Erfahrungen
und Werte
Herbstfülle und gelebte Sommertage
machen mich reich.

Ich nehme die Erntegaben
des Jahres
süß und bitter zugleich
gemischt wie Äpfel und Birnen
Lebensfülle und bunte Herbsttage
machen mich reich.

Unterwegs

Ich bin mit den Sommerwolken auf Wanderschaft
sammle Farben für mein neues Bild
mache Halt beim freundlichen Gartenfest
nehme Sträuße mit aus aller Welt.

Ich bin begeistert von dem Erdenmaler Natur
bade in smaragdgrünen kühlen Seen
sitze unter schattigen Früchtebäumen
möchte mich mit dir durch diese Wunderwelt
träumen.

Überlegung

Noch Frühblüher in meinem Kopf
laufe ich durch erntereife Felder
habe früh die Sonne gesucht
sie schläft jetzt eine Stunde länger
ich tanze in den hellen Abend hinein
zünde zeitiger die Laterne.

Schon hat das Jahr die Mitte überschritten
Tage haben einen schnellen Lauf.
Ach, könnte ich die Sonne bitten
ihren Arbeitstag nicht zu verkürzen
könnte ich die Uhr aufhalten
und die gewonnene Lebenszeit
verwalten.

Sommer

Der Sommer weiß um seine Stärke
streift mit warmem Atem durch die Zeit
lässt Brotmehl schneller reifen
nimmt den Wiesen ihr grünes Kleid.

Die Luft flimmert leise durch den Tag
stülpt sich als Sonnenhut über Mensch und Tier
lässt uns gelassener atmen
warten auf nachtkühlen Wind
vom Meer.

Zweigeteilt

Ich fühle am frühen Morgen
schon herbstliche Kühle
Nebelmantel hüllt mich ein
lautlos tanzen sommermüde Blätter
in den Tag hinein.

Ich habe noch Sommerwärme in mir
Septembersonne streift mittags
über mein Gesicht
leise wiegen sich Blütenköpfe
im leuchtenden Farbgemisch.

Ich sammle tagsüber erntereife Düfte
Herbstluft begleitet mich
über noch warme Wiesen
gelassen legt sich der Altweibersommer
über den Tag.

Vorahnung

Kühler Wind tanzt
mit warmer Luft
über gebleichte Spätsommerwiesen
betört mit zartem Kräuterduft
den ruhigen Tag zu genießen.

Augustwind streichelt
mit milder Sonne
unser gebräuntes Gesicht zu kühlen
mit erstem Schlehenblau im Sommer
lässt er uns kommende Herbsttage fühlen.

Stippvisite

Der Herbstwind begegnet
dem Sommertag
es ist keine Freundschaft
auf den ersten Blick
noch hält die Erde die Wärme fest
und Sonne winkt den müden Blättern zu.

Der Sommertag streichelt
die Blumenwiesen
es ist als ruhe er sich aus
doch die warmen Tage gehen langsam vorüber
und leise Wehmut liegt in der Luft.

Ausklang

Der Sommer ist in mir
mit vielen Bildern
es tanzen rote Mohnblüten in
gelbgrünen Wiesen
Sommerwärme kleidet mich ein
helle Tage und Nächte verführen zum Genießen.

Der Sommer ist in mir
in vielen Farben
es wiegen sich gelbe Ährenfelder
im warmen Wind
bunte Vielfalt schmeichelt meinen Augen
schnelle Wolken ziehen über Heuwiesen geschwind.

Die Altweibertage haben mich
nun umfangen
es grüßen kühle Morgennebel und
reife Äpfel an den Bäumen
milde Mittagssonne begleitet diese Zeit
in mir bleiben die Sommerträume.

Septemberzeit

Der Altweibersommer ist
auf dem Weg
frühmorgens gehe ich ihm entgegen
gelassene Ruhe liegt auf
sommermüden Wiesen
Morgentau webt Netze darauf.

Der Septemberherbst wandert
durch die Tage
erntereifer Sommer gibt ihm die Hand
Gelbfarbe gewinnt über Grün an Gewicht
ich fange mir mildes Sonnenlicht.

Stimmung

Sommerträume fliegen mit
dem Herbstwind davon
ruhen sich aus vom langen Tage
bleiben in meiner Erinnerung
über alle kommenden Jahre.

Buntblätter wirbeln mit
dem Herbstwind umher
legen sich sanft auf Wege nah und weit
bringen Ruhe in mein Leben
über die kommende Winterzeit.

Überlegung

Fransenwolken ganz weit oben
weben Spitzendecken auf blauem Grund
ziehen ihre Spuren
immer neu im weiten Rund.

Will den Wolkenspuren folgen
doch sie eilen aus den Augen geschwind
begleite sie in Gedanken
lasse mich treiben mit dem Wind.

Laufe auf den Erdenspuren
sie erzählen Geschichten aus vielen Zeiten
Menschenbilder und Lieder entstehen
möchte, dass Lebensspuren lange bleiben.

Herbstliebe

Das große Herbstfest ist vorbereitet
die bunte Modenschau beginnt
mein Lieblingsbaum hat sich in Gold gekleidet
Purpurmäntel flanieren im Wind.

Die alten Herbstlieder sind einstudiert
der gemischte Chor der Blätter singt
mein Lieblingsmaler tupft die Farben
ich möchte tanzen mit dem Wind.

Das weite Festzelt ist aufgebaut
der freundliche Himmel ist sonnenklar
ein Lieblingsmonat hat begonnen
ich umarme ihn wie jedes Jahr.

Zwischenspiel

Der Herbstwind hat heute Ruhetag
der Wald steht gelassen und still
Blätterschmetterlinge schweben sanft
legen sich mit leisem Seufzer
auf den weichen Teppich hin.

Die Herbstzeit zieht langsam ihre Buntheit aus
der Himmel ist blau geputzt
die Sonne erinnert an warme Tage
der Schatten kühlt unser Gesicht.

Der Herbstmonat reicht dem Sommer
die Abschiedshand
die langen Tage bleiben Erinnerung
wir wandern weiter mit klarer Sicht
unsere Gedankenbilder laufen
mit dem Jahr davon.

Herbst

Regen tanzt auf blankgeputzten Steinen
Dachrinnen sind vom Hochwasser betroffen
und Blätterschiffe segeln leise davon.

Späte Blüten neigen ihre Köpfe
fangen sich die Dauernässe
und frischen ihre Farben auf.

Die Birke hat sich für gelb entschieden
steht im Wettbewerb mit buntem Laub
und leuchtet auf im Tagesgrau.

Tropfenwolken ziehen durch den Wald
Regen wäscht den Sommer von den Dächern
bringt uns Kühle und Gelassenheit.

Herbstzeit

Ich kleide meine Gedanken
in den Herbstmantel ein
lasse sommerwarme Tage
Revue passieren
koste unseren sonnengereiften Wein
sehe Bäume ihre müden Blätter verlieren.

Ich nehme die bunten Bilder
mit in die Herbstruhezeit
male meine Lieblingsfarben
mit großer Lust
blicke zum durchlässigen Wald ganz weit
freue mich auf die
klare Winterluft.

Novemberputz

Der eilige Wind
treibt dunkle Wolken voran
er fegt den Himmel im
Laufschritt frei.

Die letzten Blätter tänzeln
grazil davon
und die glasklare Luft
riecht nach Schnee und Eis.

Die Bäume und Straßen
glänzen frisch geputzt
und ich gehe leicht
durch den weitsichtigen Tag.

Frühmorgens

Die Nacht verbündet sich
mit Novemberkühle
ein Hauch von Winter
liegt in der Luft
nichts erinnert an Sommerwärme
und an satten Ernteduft.

Der Nebel umarmt
den frühen Tag
ein Hauch von Melancholie
durchstreift den Morgen
Stille wandert durch die Wiesen
meine Gedanken ruhen
vom Sommer aus.

Zwischen den Jahren

Der tanzende Wind treibt
die letzten Tage des Jahres vor sich her
begleitet vom Chorgesang der
kleiderlosen Bäume
Wolkenfelder ziehen im Eiltempo davon
und vergessene Herbstblätter lassen mich träumen.

Meine ruhelosen Gedanken wandern
durch die letzten Jahrestage
bewegen sich zwischen gestern
und morgen
Erinnerungsbilder wärmen mich im Winterwind
und gesammelte Hoffnung ist in mir geborgen.

Zeitbetrachtung

Die Tage sind davon gerannt
die Stunden im Huckepack immer mit
ihr Gewicht war launisch
manchmal leicht und manchmal schwer
die Minuten sprangen taktsicher umher.

Die Zeit hat Tempo aufgenommen
meine innere Uhr spricht es aus
Frühling und Sommer sind mit schnelleren Schritten
vergangen
das Jahr ist mit Leben gut gefüllt.

Ich habe Sekunden und Monate gesammelt
mich an Tag und Nacht erfreut
es war manchmal stürmisch
und manchmal windstill
das Jahr hat viele Gesichter gezeigt.

Wintermorgen

Der Windzauberer hatte
eine ruhelose Nacht
mit Detailliebe wurde von ihm
ein Winterbild erdacht.

In Kristallwäldern steht
die eilige Zeit still und leise
die alten Bäume erzählen
lautlos Geschichten sehr weise.

Die Märchenwelt hat uns
mit kühlen Armen empfangen
sie hält uns
mit Silberglanzschmuck und
tanzenden Goldsternen gefangen.

Rätselhaft

Wo sind die Stunden und Tage hin
wo die hellen Nächte
und der Saharawind?

Gestern umgab mich der Duft
blühender Wiesen
saß ich im Mondschein unterm Lindenbaum
sang mit Grillen von heißer Liebe.

Wo ist der lange Sommer hin
wo die pralle Erntezeit
und der lustige Herbstwind?

Gestern lief ich durch
buntgeschmückte Wälder
ließ meine Gedanken wie Drachen steigen
tanzte leicht über Blätterwiesen.

Heute ist Winterruhe in
mein Leben gekommen
Kerzenschein schmückt das Tannengrün
Schnellläufer Zeit hat den
Jahresmarathon gewonnen.

Laufzeit

Meine Gedanken verlaufen sich
wechseln in verschiedene Zeiten
sehe mein Leben im Weltenlauf
voller Geschichten und Bilder.

Meine Gefühle verändern sich
wechseln wie Sonne und Regen
nehme Traurigkeit und Hoffnung mit
wandere mit schnellen Zeitverläufen.

Meine Wünsche umfangen mich
halten sich fest an jedem Tag
möchte meinen Lebenslauf weiter schreiben
mit vielen Erdenfarben.

Abschied

Auf der Waage des Lebens
ist Abschied ein Schwergewicht
es ist das Gestern und Heute
in Jahrzehnte verpackt
wir wollen daraus Geschenke verteilen
Gedanken über unsere Lebenssicht.

Auf dem Weg des Lebens
sind unsere Spuren tief eingedrückt
es ist die Endlichkeit in
Bleibendes verpackt
wir wollen, dass wir sichtbar bleiben
Erinnerung mit in die Zukunft gerückt.

Verlauf

Es ist ein Kommen und Gehen
wie der Tag und Nachtverlauf
die Erde wird sich drehen
wir wachsen damit auf.

Die Blumen duften und verblühen
wie der Sommer zum Winter eilt
ihre Schönheit bleibt in uns bestehen
wir wissen um ihre Zeit.

Es ist ein Nehmen und Geben
wie Freude und Trauer im Lebenslauf
die glücklichen Stunden bleiben Erinnerung
wir wachsen damit auf.

Mit Fragezeichen

Wenn ich noch einmal
komme auf diese Welt
dann werde ich dieses und jenes machen
probiere mich aus in vielen Sachen
fliege in das Sternenmeer
suche unsere Geschichte in alten Schriften
finde den Weg für den Erdenfrieden
und den Zaubertrunk für alle zum glücklich sein.

Heute bin ich auf der Welt
mache dieses und jenes
und viele Sachen
werde weiter ausprobieren und schaffen
wandere mit dir durch die Jahreszeiten
werde das Kind in Gedanken begleiten
will immer die Schönheit
einer friedlichen Erde sehen
und mit meinen Lieben in die Zukunft gehen.

Wenn ich noch einmal komme
auf diese Welt
würde ich es anders machen?

In Summe

Ich trage Jahre auf dem Rücken
mal sind sie schwer
mal sind sie leicht
manche Träume habe ich erreicht.

Ich gehe mit Neugier meine Wege
mal sind sie steinig
mal sind sie eben
immer Weitergehen bringt mir Leben.

Ich sammle Jahre auf meinem Lauf
mal gehe ich aufrecht
mal bin ich gebeugt
mein starker Rücken nimmt jedes Jahr auf.

Zu Hause

Es ist die Rose,
die im Spätherbst noch blüht
die Sonne
die sich immer um Freundlichkeit bemüht.

Es ist das alte Haus
mit schiefen Wänden
gestreichelt von unseren Händen.

Es ist das Tor,
das so schwer aufgeht
der Duft aus der Küche,
der uns entgegenweht.

Es ist der Wald,
der sich in Jahreszeiten kleidet
die Wiese,
die unter Trockenheit leidet.

Es ist Deine Umarmung
und das gemeinsame Hören des Windes,
die zielsicheren Schritte des Kindes.

Es ist die Geschichte,
die das Leben schreibt,
die in unserer Erinnerung bleibt.

Es ist Heimat.

Hella Marquardt

Jahrgang 1947

Nach Abitur Studium an der Friedrich-Schiller-Universität in Jena mit dem Abschluss als Diplom Agrarpädagoge.
1977 Promotion an der Wirtschaftswissenschaftlichen Fakultät in Jena zum Dr.oec.

Nach Tätigkeit in Wissenschaft, Wirtschaft und Verwaltung war sie freiberufliche Trainerin für „Zeitgemäße Umgangsformen".

Schon immer interessiert an Kunst und Kultur, liest leidenschaftlich gern und schreibt, mit zeitlichen Unterbrechungen, seit Mitte der siebziger Jahre Gedichte.
2000 und 2014 wurden Gedichtbände von ihr veröffentlicht.

Um 2000 beginnt die Beschäftigung mit der Malerei. Sie lernt die Grundlagen an der Volkshochschule und vervollkommnet autodidaktisch ihre Fähigkeiten für die Aquarellmalerei, Schwerpunkt Landschaften- und Blumenmotive.

Mit ihrer Familie lebt sie im landschaftlich reizvollen Jenaer Ortsteil Ziegenhain.

Inhalt